CAMIONS GÉANTS

Éditions
SCHOLASTIC

Catalogage avant publication de Bibliothèque et Archives Canada

Murrell, Deborah Jane, 1963-
Camions géants : les véhicules les plus robustes au monde /
Deborah Murrell et Christiane Gunzi;
texte français du Groupe Syntagme.

Traduction de : Mega Trucks.
Publ. en collab. avec Picthall & Gunzi.
Niveau d'intérêt selon l'âge : Pour enfants de 3 à 6 ans.
ISBN 0-439-94142-3

1. Camions--Ouvrages pour la jeunesse. I. Gunzi, Christiane II. Titre.

TL230.15.M8714 2006   j629.224   C2006-902520-7

Créé et produit par Picthall & Gunzi Limited
21A Widmore Road
Bromley
Kent BR1 1RW
Royaume-Uni

Concept original : Chez Picthall
Texte et mise en forme : Deborah Murrell et Christiane Gunzi
Graphisme : Paul Calver
Graphistes adjoints : Ray Bryant et Gill Shaw
Conseiller commercial aux véhicules : Peter J. Davies
Conseillères : Diana Bentley, détentrice d'une maîtrise en littérature jeunesse,
et Jane Whitwell, diplômée en éducation de l'enfance en difficulté

Adaptation française : Le Groupe Syntagme inc.

Reproduction : Colourscan, Singapour

La maison d'édition Picthall & Gunzi aimerait remercier tout particulièrement les entreprises suivantes
qui l'ont laissé utiliser leurs images :

Caterpillar; Daimler Chrysler Ltd; Ford Motor Company; Freightliner Group; Leibherr (fabricant de la plus vaste
gamme de grues mobiles); McNeilus; Oshkosh Truck Corporation, Oshkosh, Wisconsin, É.-U.; Scania Image Desk.

BIGFOOT(MD) est une marque déposée de BIGFOOT 4x4, Inc., 6311 N. Lindbergh Blvd., Hazelwood, MO 63042, É.-U.
Tous droits réservés © 2004.

Sachez que nous avons déployé tous les efforts possibles pour nous assurer de l'exactitude des renseignements
contenus dans le présent livre, et pour mentionner correctement les détenteurs du droit d'auteur. La maison
d'édition Picthall & Gunzi s'excuse de toutes erreurs ou omissions involontaires et serait heureuse d'inclure toute
modification du contenu ou des remerciements dans les éditions futures.

Édition publiée par les Éditions Scholastic, 604, rue King Ouest, Toronto (Ontario) M5V 1E1.

5 4 3 2 1   Imprimé en Chine   06 07 08 09

TABLE DES MATIÈRES

LES TRANSPORTEURS

Il existe un camion pour chaque type de travail. Certains gros camions transportent des automobiles, des aliments ou des animaux d'un endroit à un autre. Ces camions portent le nom de transporteurs.

Un semi-remorque pour le transport sur longue distance.

Camions rigides

On les appelle camions rigides parce qu'ils ne plient pas. Le conducteur doit faire très attention lorsqu'il tourne à un coin de rue.

Peux-tu trouver...

une roue?

un rétroviseur?

des phares?

une calandre?

Camions articulés

On les appelle ainsi parce qu'ils peuvent plier. Ils sont plus faciles à manœuvrer pour tourner à un coin de rue. Ce transporteur articulé est chargé d'automobiles et de camionnettes.

Un camion de transport d'automobiles

De quelle couleur sont ces transporteurs?

LE GRUMIER

Le grumier transporte des troncs d'arbre, ou grumes. C'est un camion solide et puissant. Il doit tirer des centaines de grumes sur des chemins difficiles et boueux.

Tenez-vous bien!

Des poteaux sont installés de chaque côté des remorques pour maintenir les grumes en place.

Un solide poteau d'acier

Pourquoi ce grumier est-il si gros?

Abatteuse-tronçonneuse

Ce camion est équipé d'un long bras terminé par une tronçonneuse. Ce bras maintient l'arbre en place pendant qu'une scie bien aiguisée en coupe le tronc.

Chargeur

Ce petit chargeur ramasse les grumes et les empile dans la remorque.

LES CAMIONS GÉANTS

Dans certains pays, de très gros camions peuvent tirer deux, trois ou même quatre remorques. Ces énormes camions sont appelés des trains routiers. Ils transportent leur cargaison sur des milliers de kilomètres!

Peux-tu trouver...

un cercle?

un losange?

un rectangle?

des triangles?

Train double

Ce camion géant compte deux remorques : c'est un train double de type B.

Peux-tu compter les roues de ce train routier?

Camion-citerne

Ce long train routier transporte d'immenses citernes de carburant sur ses trois remorques.

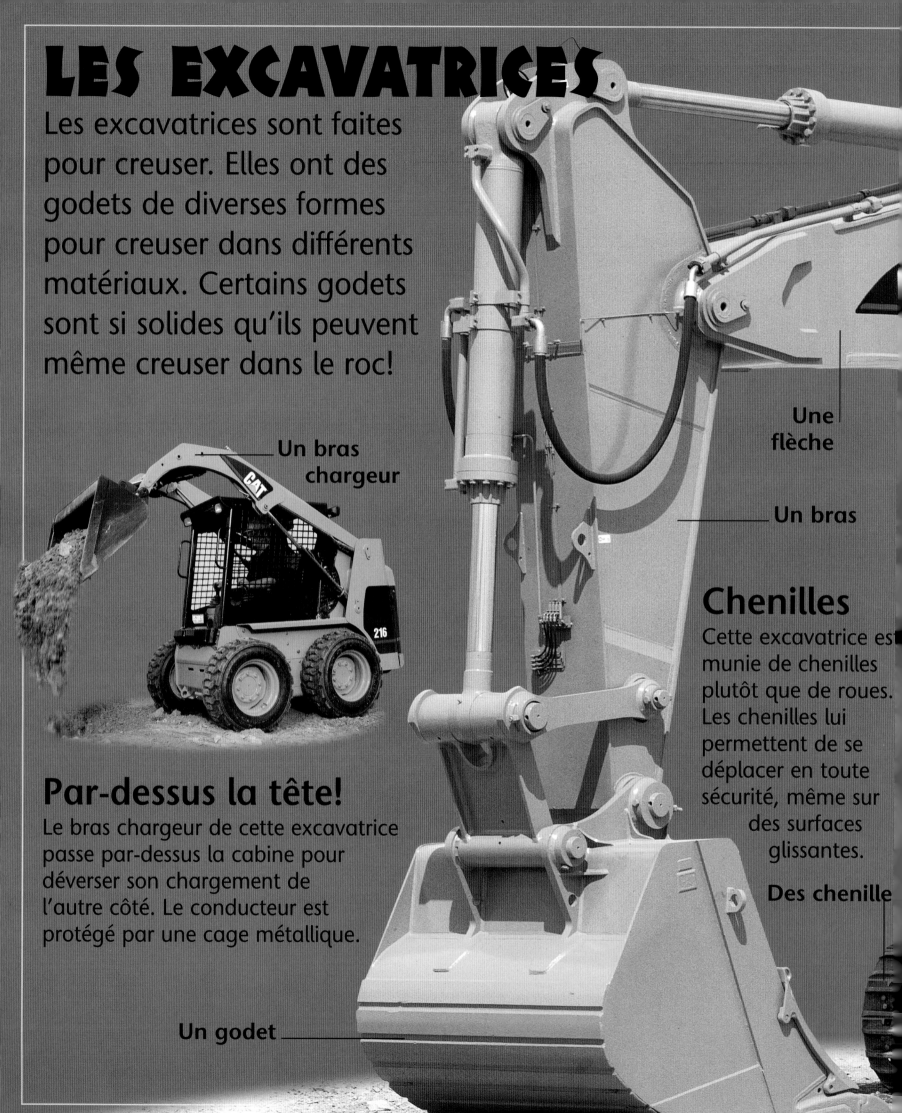

LES EXCAVATRICES

Les excavatrices sont faites pour creuser. Elles ont des godets de diverses formes pour creuser dans différents matériaux. Certains godets sont si solides qu'ils peuvent même creuser dans le roc!

Un bras chargeur

Une flèche

Un bras

Chenilles

Cette excavatrice est munie de chenilles plutôt que de roues. Les chenilles lui permettent de se déplacer en toute sécurité, même sur des surfaces glissantes.

Des chenille

Par-dessus la tête!

Le bras chargeur de cette excavatrice passe par-dessus la cabine pour déverser son chargement de l'autre côté. Le conducteur est protégé par une cage métallique.

Un godet

À quoi servent les chenilles?

Un bras puissant

Installé dans la cabine, le conducteur manœuvre le bras de l'excavatrice. Avec le godet, il ramasse le chargement et le laisse tomber au bon endroit.

Une cabine

LES GROS BOUTEURS

Des feux de position

On utilise un bouteur pour dégager le terrain et le préparer pour la construction. Cet énorme bouteur peut se frayer un chemin presque partout. Il écarte avec bruit tout ce qui se trouve sur son passage.

Gros godet

Ce gigantesque godet est muni d'une lame tranchante qui peut même couper des troncs d'arbre.

Une lame tranchante

Un tuyau
d'échappement

Une cabine

CARRYDOZER

D11R CD

Peux-tu trouver...

une calandre?   une roue dentée?   un numéro?

À quoi ce bouteur sert-il?

Des
chenilles

Une assise solide

Avec ses chenilles, le bouteur
adhère bien au sol. Il peut même
grimper des pentes raides.

LES CHARGEURS

On utilise les chargeurs pour remplir la benne des camions. Le godet est placé au bout d'un bras court, mais puissant. Un chargeur peut transporter de gros volumes de gravats dans son godet.

Un plein camion

Le chargeur vide le contenu de son godet dans la benne de ce camion rouge. Il peut remplir le camion très rapidement.

Chargé à bloc

Ce chargeur est muni de fourches plutôt que d'un godet. Il transporte un lourd bloc de craie. Les excavatrices creusent dans le sol pour en sortir la craie.

Des fourches

Pourquoi les chargeurs ont-ils de si gros pneus?

Quels pneus!

Les chargeurs ont souvent des pneus gros et larges, ce qui les empêche de basculer.

LE SUPER TOMBEREAU

Dans les carrières, on a besoin d'immenses tombereaux. Ils transportent d'énormes tas de roches d'un endroit à l'autre. Ce tombereau géant est aussi grand qu'une maison!

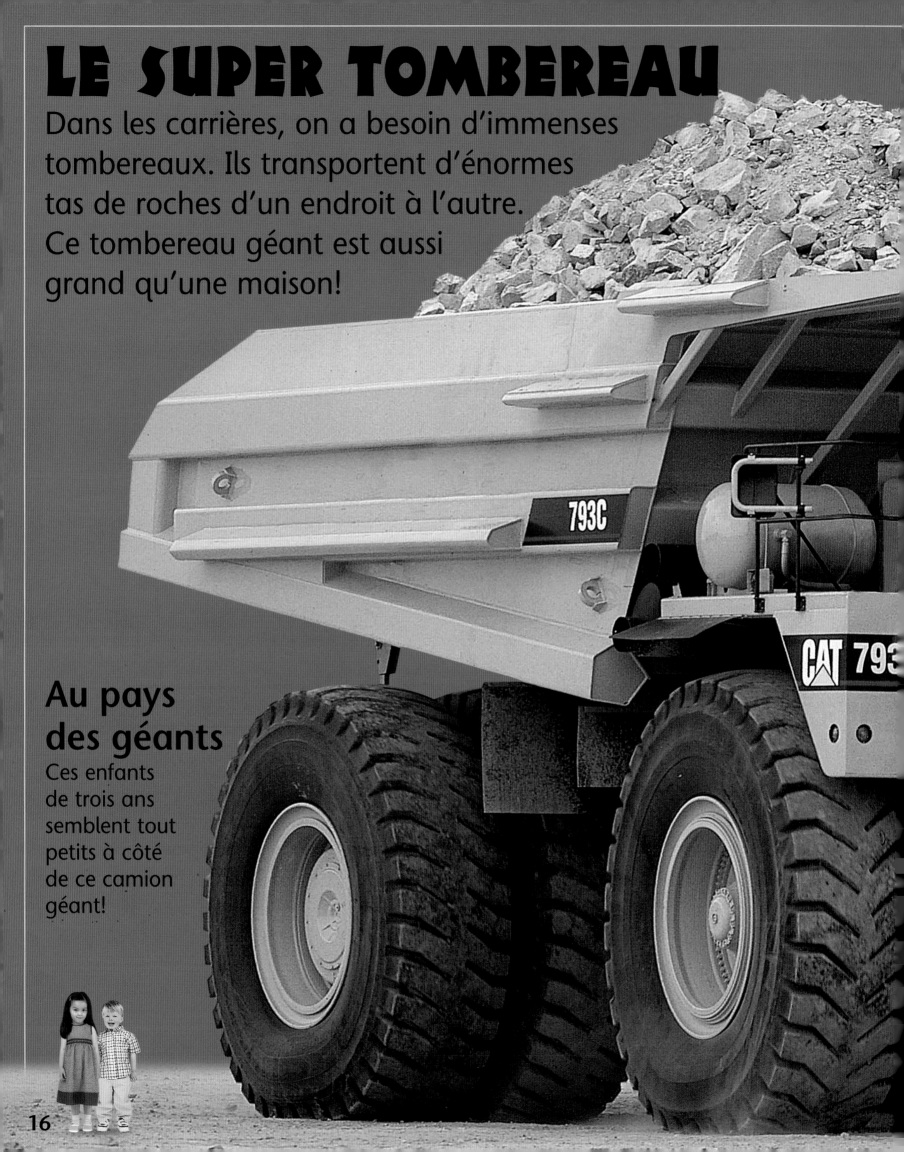

Au pays des géants

Ces enfants de trois ans semblent tout petits à côté de ce camion géant!

À quoi sert le tombereau?

Peux-tu trouver...

 un panneau?  des feux?  une échelle?

Haut perché

La cabine est placée si loin du sol que le conducteur doit utiliser une échelle pour s'y rendre.

En pièces détachées

Ce tombereau est si gros qu'il ne peut pas emprunter les routes ordinaires. Il est transporté en pièces détachées jusqu'au chantier, par d'autres camions.

LES BÉTONNIÈRES

Les bétonnières transportent, dans leur cuve, le béton qui servira sur les chantiers de construction. Leur énorme cuve tourne sans cesse sur elle-même afin que le béton reste toujours bien lisse et prêt à être coulé!

Une petite bétonnière blanche

Quel motif décore la grosse cuve?

Des roues supplémentaires

À l'arrière de la bétonnière se trouvent des roues supplémentaires. Le conducteur les abaisse lorsqu'il utilise les routes publiques pour se rendre au chantier de construction.

Sur le chantier

Lorsqu'une bétonnière arrive sur un chantier de construction, on fait couler le ciment le long d'une goulotte placée à l'arrière de la cuve. Voilà, on est prêt à construire!

Une goulotte

Une cuve

Une roue supplémentaire

Une échelle

LES CAMIONS À BENNE

Voici des camions à benne. On les utilise pour le transport du sable, du gravier ou d'autres matériaux vers les chantiers. Les camions vident leur chargement en faisant basculer leur benne de côté ou vers l'arrière.

Basculement vers l'arrière

Basculement latéral

La benne de ce camion blanc bascule sur le côté pour décharger sa cargaison de copeaux de bois.

À quoi un camion à benne sert-il?

Quelle est la benne à basculement latéral?

Peux-tu trouver...

un garde-boue?   un vérin?

un rétroviseur?   des feux?

La bascule

La partie avant de cette benne jaune à basculement vers l'arrière se soulève. Le chargement de terre se déverse derrière le camion.

LES VÉHICULES DE TERRASSEMENT

Il faut beaucoup de temps pour construire une nouvelle route. Il y a beaucoup à faire avant de pouvoir poser l'asphalte. Toutes ces machines font un travail particulier.

Rouleau compresseu

Cette machine est très lourde. En roulant, elle aplatit le sol.

Décapeuse

La décapeuse arrache la couche supérieure du sol où l'on construira la route.

Niveleuse

La niveleuse ameublit le sol pour que sa surface soit bien lisse avant qu'on y construise la route.

À quoi sert la niveleuse?

Quelle machine aplatit le sol?

23

LES CAMIONS À ORDURES

Grâce à ces camions, on peut garder les rues belles et propres. Ils servent au ramassage des ordures qu'on apporte ensuite sur des sites de recyclage ou de broyage.

Une rétrochargeuse

Une benne de chargement

Un bras

As-tu vu la grosse poubelle?

Une chargeuse frontale

À l'avant de ce camion à ordures de couleur jaune se trouvent deux bras qui peuvent soulever de lourdes bennes pleines d'ordures.

Un camion à ordures bleu à chargement latéral

Chargeur latéral

Sur le côté de ce camion à ordures de couleur bleue se trouve un bras qui lui permet de prendre les grosses poubelles à roulettes, de les soulever et de les vider dans le camion.

LES GRUES GÉANTES

Ces grues puissantes sont appelées grues mobiles. Elles sont dotées d'une direction spéciale qui leur permet de se déplacer sur les routes ou sur des terrains accidentés. On les utilise sur les chantiers de construction.

Super puissance

Cette grue géante peut soulever de lourdes charges haut dans les airs et les déplacer en toute sécurité d'un endroit à un autre.

À quoi les grues servent-elles?

En avant!

La flèche de cette grue mobile se replie et se couche sur le dessus de la cabine lorsque la grue roule sur la route.

Une flèche

Peux-tu trouver...

un tuyau d'échappement?

un phare?

des chevrons?

une poulie?

LES TOUT-TERRAINS

Les véhicules de l'armée sont solides et puissants. Ils doivent pouvoir rouler aussi bien sur des terrains rocailleux, boueux ou sablonneux que sur des routes ordinaires. Certains véhicules militaires peuvent même se déplacer dans l'eau profonde!

Un camion militaire traversant une rivière

Où est le pneu de rechange?

Par ici le conteneur

Ce camion est en train de charger un gros conteneur sur sa remorque. Dans la cabine, le conducteur contrôle le bras de levage.

Un bras

Un conteneur

Un pare-brise épais

Droit devant

Les camions militaires sont plus solides à l'avant. Ils peuvent facilement passer à travers les clôtures et les murs.

29

LES MONSTRES

Ces énormes camionnettes sont conçues pour la course et les sauts. C'est un spectacle que bien des gens apprécient. Les monstres sont si larges qu'ils n'ont pas le droit de rouler sur les routes ordinaires.

Le monstre « Blue Thunder »

Le monstre « Bigfoot »

Le roi des monstres

Ce camion monstre est un Bigfoot 5, le plus haut, le plus large et le plus lourd de tous les camions monstres du monde!

Au pays des géants

Ces enfants de trois ans semblent tout petits à côté de ce monstre!

Le saut du monstre

Les camions monstres peuvent sauter par-dessus une rangée d'automobiles usagées pour le seul plaisir des spectateurs. Ils sont si robustes qu'ils broient les autos s'ils tombent dessus.

Pourquoi fait-on des sauts en camion?

CHERCHE UN PEU!

Peux-tu former toutes les paires?
Quel camion préfères-tu?

GRUES

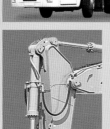

BOUTEURS

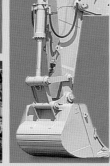

MONSTRES

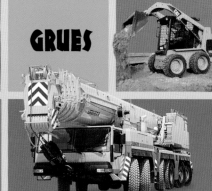

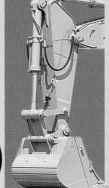

GRUES

BOUTEURS

MONSTRES